아더 핑크의

당신은 진짜 거듭났는가

아더 핑크의
당신은 진짜 거듭났는가
...

당신의 거듭남의 진실성 여부를 확증해줄 진단서

아더 핑크 지음 | 박선희 옮김

 형제들의 집

차례

서론 • 9

제 1장 거듭남의 필요성 • 19
1. 인간의 본성은 이미 영적으로 죽어 있기 때문에
2. 영적인 세계에서는 영적인 성품이 요구되기 때문에
3. 인간은 전적으로 타락했기 때문에
4. 거듭남은 그 어떤 것으로도 대체할 수 없기에

제 2장 거듭남의 특징 • 37
1. 거듭남은 변화되고 향상되는 개선의 과정이 아니다.
2. 거듭남은 단지 마음을 정결케 하는 것이 아니다.
3. 거듭남은 신의 성품에 참예하는 것이다.

제 3장 거듭남의 근원 • 47

    1. 거듭남은 유전되거나 상속되는 것이 아니다.

    2. 거듭남은 죄인의 의지나 의욕으로 얻을 수 있는 것이 아니다.

    3. 거듭남은 설교자의 설득력의 결과물이 아니다.

    4. 거듭남은 하나님의 초자연적인 역사이다.

제 4장 거듭남의 방법 • 69

    1. 거듭남은 종교적인 의식에 의해서 주어지지 않는다.

    2. 거듭남은 성령님에 의해서 하나님의 말씀이 적용될 때 일어난다.

제 5장 거듭남의 증거들 • 83

    1. 주 예수 그리스도를 믿는 개인적인 믿음이 있다.

    2. 죄에 대한 참된 회개가 있다.

    3. 하나님을 향한 참된 사랑이 있다.

    4. 형제사랑이 있다.

    5. 실제적인 의로운 삶이 있다.

    6. 은혜 안에서의 성장이 있다.

    7. 끝날까지 흔들리지 않는 믿음이 있다.

서 론

● 당신은 진짜 거듭났는가?

"예수께서 대답하여 가라사대 진실로 진실로 네게 이르노니
사람이 거듭나지 아니하면 하나님 나라를 볼 수 없느니라"

[요한복음 3:3]

서론

신자의 구원에 관한 주제는 두 가지 관점에서 생각해야 한다. 하나는 하나님의 측면이고, 다른 하나는 인간의 측면이다. 하나님의 일은 생명을 주시고, 의롭다 해주시며, 거룩케 하시고 또한 궁극적으로 영화롭게 해주시는 것이다. 반면 우리의 책임은 회개하고, 믿고, 또 선을 행하는 것이다. 이러므로 신자의 구원 문제에서 거듭남(regeneration, 또는 중생)은 하나님만이 하실 수 있는 신적 영역에 속한다.

거듭나게 하는 일은 오로지 하나님이 하시는 일이며, 이 부분에서 인간이 해야 할 어떤 역할이나 몫은 없다. 이것은 아주 당연한 사실이다. 거듭남은 새로운 출생이라고도 하고 위로부터 난다고 말하기도 한다(요 3:3). 출생은 태어나는 사람의 개인적인 노력이나 수고가 전적으로 배제된다. 육신으로 태어나는 것은 물론이거니와, 더욱 영적으로 태어나는 일에 있어서 우리가 할 수 있는 일이란 전혀 없다.

거듭남은 영적인 부활에 비유되기도 한다.

> "내가 진실로 진실로 너희에게 이르노니 내 말을 듣고 또 나 보내신 이를 믿는 자는 영생을 얻었고 심판에 이르지 아니하나니 사망에서 생명으로 옮겼느니라."(요 5:24)

의심할 여지없이 부활은 인간의 영역 밖의 일이다. 죽은 시체가 자기 스스로를 되살릴 수 없는 것과 같다. 어떤 사람도, 혹은 집단도 죽은 몸을 되살릴 수 없다. 오직 하나님만이 무덤 속에 있던 나사로를 나오라고 말씀으로 명하실 수 있으며, 오직 하나님만이 죄와 허물로 인해 영적으로 죽어있는 영혼을 새 생명으로 소생시키실 수 있다.

다시 말해, 거듭난다는 것은 새로운 피조물이 되는 것이다.

"그런즉 누구든지 그리스도 안에 있으면 새로운 피조물이라 이전 것은 지나갔으니 보라 새것이 되었도다." (고후 5:17)

"우리는 그의 만드신 바라 그리스도 예수 안에서 선한 일을 위하여 지으심을 받은 자니" (엡 2:10)

새로운 창조를 통해서 우리는 하나님의 영역 안으로 새로이 들어가게 된다. 오직 하나님만이 이전에 존재조차 없던 것을 존재하게 하실 수 있다. 창조에 있어서 인간은 어떤 역할을 할 수도 없고, 또한 그 일을 도울 수도 없다. 이것은 오로지 하나님의 역사다. 인간은 잔디밭의 풀들을 창조낼 수 없고, 영적이고 하늘에 속한 일은 더더욱 할 수 없다. 반복해서 말하지만, 거듭남은 오로지 하나님의 역사이며, 인간은 조금도 도울 수 없다.

거듭남은 하나님의 역사이기에 초자연적인 일이다. 거듭난다는 것은 단지 외형적으로 개선되는 것이 아니며, 마음을 고쳐먹고 더 나은 삶을 살기로 노력하는 것도 아니다. 전도자의 간청에 못이겨 강단 앞으로 나아가 손을 잡고 기도하는 것, 훨씬 그 이상의 것이다. 거듭남은 초자연적인 하나님의 역사가 인간의 영혼에 임하는 것이다. 경이로운 경험이다.

하나님께서 하시는 모든 일은 경이롭기 그지없다. 육체적인 출생도 경탄할 만한 일이다. 우리가 살고 있는 세계는 우리를 놀라게 하는 일들로 가득하다. 여러 방면으로 생각해보아도 거듭난다는 것은 여전히 놀라운 일이다. 거듭남은 하나님의 은혜에 의한 경이로운 역사다. 거듭남은 하나님의 지혜에 의한 경이로운 역사다. 거듭남은 하나님의 아름다움에 의한 경이로운 역사다. 영원히 변치 않을 경이로운 일이다. 거듭남은 우리 속에서 일어나는 기적 같은 일이며, 우리는 이것을 개인적으로 경험한다. 거듭나는 역사야말로 날마다 우리 주변에서 일어나고 있는 기적 중의 기적이다.

거듭남은 하나님의 역사이기에 또한 신비로운 일이다. 하나님의 모든 역사는 우리가 미처 이해하지 못하는 신비 속에 싸여 있다. 인간의 생명, 자연계의 생명, 그 기원 그리고 그 특성과 변천 과정들은 뛰어난 과학자, 생명공학자, 심지어 인문학자까지도 좌절하게 만든다. 영적인 생명의 경우는 더욱 그러하다. 하나님의 존재와 그 실체는 유한한 인간의 이해력을 초월한다. 그렇다면 우리가 어떻게 하나님의 자녀가 되는 과정을 이해할 수 있다고 감히 생각할 수 있겠는가? 우리 주님 스스로도 거듭남은 신비로운 일이라고 단언하셨다.

> "바람이 임의로 불매 네가 그 소리를 들어도 어디서 오며 어디로 가는지 알지 못하나니 성령으로 난 사람은 다 이러하니라."(요 3:8)

박식한 과학자들도 바람에 관한 한, 잘 알지 못한다. 바람의 특징, 바람을 통제하는 힘의 법칙, 그 인과 작용 등 바람에 관한 모든 것은 인간이 할 수 있는 연구의 한계, 그 너머에 있다. 거듭남 또한 마찬가지이다. 거듭남은 심오한 신비이다.

거듭남은 지극히 엄숙한 일이다. 거듭남은 천국과 지옥을 가르는 갈림길이다. 하나님의 시각에서 볼 때, 세상에는 두 부류의 사람들이 있다. 한 부류는 죄로 인해 죽은 사람들이고, 다른 부류는 새 생명으로 살아난 사람들이다. 우리의 경우를 보더라도 삶과 죽음, 그 중간 영역에 산다는 것은 있을 수 없다. 사람은 죽었거나 살았거나 둘 중 하나다. 사람의 생기가 아주 약할지라도 생명이 있는 동안은 살아있는 것이다. 하지만 생기가 완전히 사라지고 나면 당신이 아무리 아름다운 옷을 입고 있을지라도, 아무리 값지고 화려한 장신구를 걸쳤을지라도 당신은 다만 시체일 뿐이다. 이것은 영적인 세계에서도 마찬가지다. 우리는 죄인이거나 성도이거나, 둘 중 하나다. 영적으로 살아있거나 영적으로 죽어있거나, 둘 중 하나다. 하나님의 자녀이거나, 아니면 사탄의 자녀다. 이러한 엄중한 사실 앞에 중대한 질문이 남아 있다.

"당신은 진짜 거듭났는가?"

이 질문에 대한 대답은 당신의 영원의 운명을 결정짓는다. 그러므로 우리는 모든 거듭나지 않은 이들에게 사랑으로 말해야 한다. 당신이 지금의 상태로 죽는다면 그 날이 왔을 때, 당신은 '차라리 태어나지 않는 것이 좋았을 것을…' 이라고 간절히 바랄 것이다.

제 1장 거듭남의 필요성

- 인간의 본성은 이미 영적으로 죽어 있기 때문에
- 영적인 세계에서는 영적인 성품이 요구되기 때문에
- 인간은 전적으로 타락했기 때문에
- 거듭남은 그 어떤 것으로도 대체할 수 없기에

"예수께서 대답하시되 진실로 진실로 네게 이르노니
사람이 물과 성령으로 나지 아니하면 하나님 나라에 들어갈 수 없느니라."

[요한복음 3:5]

1
거듭남의 필요성

거듭남은 절대적으로 필요하다. 우리가 따로 제쳐놓거나 다른 무엇으로 대체할 수 있는 것이 아니다. 거듭난 일이 없는 사람은 결코 하나님의 나라에 들어갈 수 없다. 거듭남이 하나의 명령으로 주어진 것이라는 것은 우리 주님께서 니고데모에게 하신 말씀을 볼 때 명백하다.

> "내가 네게 거듭나야 하겠다 하는 말을 기이히 여기지 말라."(요 3:7)

주님은 "네가 거듭나길 바란다." 또는 "네가 거듭났으면 좋겠다."라고 말씀하지 않고, "네가 반드시 거듭나야 한다(You must be born again)."라고 명령하셨다. 예수 그리스도는 어디에서도 이처럼 강한 어조로 반복하여 말씀하신 곳이 없다. 말씀하시기를,

"사람이 거듭나지 아니하면 하나님 나라를 볼 수 없느니라."(요 3:3)

또 말씀하시기를,

"사람이 물과 성령으로 나지 아니하면 하나님 나라에 들어갈 수 없느니라."(요 3:5)

그리고 다시 한번 말씀하셨다.

"육으로 난 것은 육이요 성령으로 난 것은 영이니 내가 네게 거듭나야 하겠다 하는 말을 기이히 여기지 말라."(요 3:6, 7)

다른 성경 구절에서 주님은 긍휼의 문을 활짝 여신 것을 보게 된다.

> "수고하고 무거운 짐 진 자들아 다 내게로 오라 내가 너희를 쉬게 하리라."(마 11:28)

그러나 요한복음 3장에서 "네가 거듭나야 하겠다."고 말씀하신 주님은 거듭나지 않은 모든 자들에 대해서 천국 문의 빗장을 의도적으로 닫으신 것이다. 진리의 강권함을 받지 않았다면 그렇게 하셨을 리가 없다. 니고데모에게 하신 말씀은 단 한 영혼도 영원한 축복으로부터 제외되는 것을 원치 않으시는 주님이 그렇게 말씀하셨다는 사실을 생각해볼 때, 더욱 엄숙한 의미로 우리에게 다가온다. "네가 거듭나야 하겠다."고 말씀하신 분은 다른 누군가가 아닌, 바로 하나님의 아들이시기 때문이다.

그렇다면 왜 거듭남이 그토록 중대하고도 필수불가결한 것인가? 왜 거듭나지 못한 사람은 하나님의 나라를 볼 수도 없고 또 들어갈 수도 없는 것인가?

 첫 번째 이유로, **인간의 본성은 이미 영적으로 죽어 있기 때문**이다.

> "이러므로 한 사람으로 말미암아 죄가 세상에 들어오고 죄로 말미암아 사망이 왔나니 이와 같이 모든 사람이 죄를 지었으므로 사망이 모든 사람에게 이르렀느니라."
> (롬 5:12)

 아담이 선악과를 먹은 날, 그는 영적으로 죽었고 그 후로 영적으로 죽은 사람은 영적생명을 소유한 자녀를 생산할 수 없게 되었다. 선천적인 혈통에 의해서 우리는 "허물과 죄로 죽은" 채로 이 세상에 태어났고, 그 결과로 "하나님의 생명에서 떠나" 있는 상태가 되었다(엡 2:1,4:18). 이것은 단순한 비유적 표현이 아닌 명백한 사실이다. 세상에 태어나는 모든 아이들은 영적 생명의 단 한 줄기의 생기도 없이 이 세상에 들어온다. 그러면 여기에서, 영적으로 죽은 사람은 하나님의 나라를 볼 수도 없고 또 들어갈 수도 없다는 대답은 위의 질문들에 대한 답이 될 것이다. 영적으로 생명을 소유하지 않은 사람이 영적 생명의 왕국인 하나님의 나라에 들어오고자 한다면, 그는 반드시 거듭나야 한다.

두 번째 이유로는, **영적인 세계에서는 영적인 성품이 요구되기 때문에** 거듭남은 필수불가결한 것이다. 하나님의 나라는 거듭난 사람들을 위해 예비된 나라이다. 그 나라는 거룩한 삼위일체 하나님께서 거하시는 곳이고, 오직 거룩한 자들만이 하나님의 존전에 거할 수 있다. 이는 "거룩함을 좇으라 이것이 없이는 아무도 주를 보지 못하리라"(히 12:14)고 말씀하고 있기 때문이다. 사람이 행복하기 위해서는 그를 둘러싼 모든 환경과 조화를 이루어야 한다. 만약 내가 살아있는 물고기를 물 밖으로 잡아내어, 은쟁반에 담고, 꽃향기 가득한 정원으로 가지고 가서 아름다운 하프 가락이 울려 퍼지는 곳에 둔다고 해도 그 물고기들은 전혀 행복하지 않을 것이다. 왜일까? 그것은 물고기 본래의 생활 영역에서 벗어났기 때문이다. 그들을 둘러싼 환경과 조화를 이룰 수 없고, 주어진 가치를 인식할 능력이 없기 때문이다. 그것은 마치 거듭나지 않은 사람이 천국에 들어가는 것과 같다. 그는 영적인 것을 인지할 수 있는 능력이 없다. 그는 하나님의 영광을 인지할 능력도 없고, 거룩한 아름다움 가운데 예배할 능력도 없다. 거듭나지 못한 사람은 귀머거리나 벙어리가 오라토리오(종교음악의 일종)를 즐기지 못하는 것보다 훨씬 더 천국을 누리지 못한다. 그런 사람을 천국에 데리고 간다는 것은 앞 못 보는 봉사를 미술관에 데리고 가는 것과 같다.

영적인 나라는 영적인 본성을 요구한다. 이것은 우주적인 법칙에 따른 것이다. 음악의 가치를 인식하고 또 음악을 창작해내기 위해서는 반드시 음악적인 재능이 있어야 한다. 내가 한 소년을 유능한 음악 교사의 손에 부탁했다고 하자. 몇 년 동안 소년은 유능한 선생님으로부터 수업을 받았다. 그는 열심히 음악이론을 공부했고, 화성법에 정통하려고 부단히 노력했다. 하루에 수많은 시간들을 정

기적으로 연습하는데 쏟았다. 수년이 지난 후, 그는 음악가가 되었을까? 그 여부는 오로지 한 가지 요소, 그에게 음악적 재능이 있느냐 없느냐에 달려 있다. 음악가는 타고나는 것이지 만들어지는 것이 아니다! 이것은 미술에서도 마찬가지다. 미술가는 기계적인 훈련으로 만들어지는 것이 아니라, 타고난 천부적 재능의 결과이다. 미술적 재능을 소유하지 않고서는 미술가가 될 수 없다. 진정한 수학학자가 되기 위해서는 타고난 수학적인 감각이 있어야 한다. 음악의 세계에 들어가기 위해서는 음악성이 있어야 하고, 예술의 세계에 들어가려면 예술가적 영혼을 소유해야 한다. 그리고 하나님의 나라에 들어가려면 경건하고 영적인 본성을 가지고 있어야 한다. 이것을 가질 수 있는 유일한 방법은 오직 거듭나는 경험을 하는 것이다. 그래서 요한복음 3장 7절에서 "내가 네게 거듭나야 하겠다 하는 말을 기이히 여기지 말라."고 말씀하신 것이다. 이것은 자명한 사실이다. 필연적일 뿐만 아니라 필수불가결한 것이다. 이것은 우주의 법칙을 순응하는 요구조건이다.

거듭나지는 않았지만 진정 선하고 순결한 여인을 천국으로 데리고 간다고 가정해보자. 이것은 그녀에게 끔찍한 일이 될 것이다. 그녀가 현재 영적인 기도집회를 즐겁게 함께 하지 못하는 것 훨씬 이상으로 천국에서는 더욱 그러할 것이다. 그녀는 사교적인 만남이나, 춤, 영화 관람을 더 좋아하고 있는데, 만약 그러한 것들을 못하게 된다면 불만족하게 되고, 혹 경건한 무리의 사람들과 억지로 시간을 보내게 한다면 그녀는 비참해질 것이다.

세 번째는, **인간은 전적으로 타락했기 때문에** 거듭남이 필요하다. 아담의 모든 후손은 타락한 피조물이며, 우리 존재의 모든 부분은 죄로 인해 부패했다. 인간의 마음은 속임으로 가득하며 극도로 악하여졌고, 인간의 지성은 감각을 잃고 어두워졌으며, 또한 인간의 생각은 다만 악할 뿐이다. 인간의 이성은 불합리하며, 인간의 감정은 왜곡되었고, 그 의지는 하나님과 원수되어 있다. 율법의 저주 아래 있는 인간에게는 어떠한 의로움도 없고, 죄와 사탄에게 종노릇하고 있을 뿐이다! 진실로 인간의 상태는 절

망적이며 비참하다. 그 안에 조금도 선한 것이 없기에 자기 스스로 개선할 수도 없고 또 개선될 수도 없다. 인간은 "힘이 없는 사람"(시 88:4)과 같기에 스스로를 구원할 수 없다. 그는 허물과 죄로 죽어 있기에 영적으로 더 나은 삶을 살 수 없다. 그렇기에 인간은 하나님께로부터 새로 태어나야 할 필요가 있다.

> "할례나 무할례가 아무 것도 아니로되 오직 새로 지으심을 받은 자 뿐이니라."(갈 6:15)

인간은 타락한 피조물이다. 이것은 나뭇잎 몇 개 정도가 시든 것이 아니라, 뿌리와 가지 등 나무 전체가 썩은 것이다. 모든 사람 안에 근본적으로 부정한 것이 있다. "근본적인"이라는 말은 라틴어에서 유래했는데 "뿌리"라는 의미가 있다. 그래서 인간이 근본적으로 부정하다라고 말할 때, 이것은 아주 밑바닥부터 몸 안의 모든 조직까지 본질적으로 타락했고 구제불능으로 악하다는 의미이다. 우리가 생각하는 죄는 다만 열매에 불과하다. 죄의 열매를 맺게 하는 뿌리에 문제가 있는 것이다. 우리는 본성적으로 죄성이 있기에 죄를 짓는다. 우리는 타락한 피조물이기에 본성적으로 죄가 있다. 따라서 자연스런 결과로서 인간은 근본적인 변화를 가져올 위에 계신 권세자의 도움을 필요로 한다. 이러한 변화를 가져올 분은 오직 한 분이시다. 하나님께서 사람을 창조하셨기 때문에 오직 하나님만이 사람을 재창조 하실 수 있다. 그래서 여기 "네가 거듭나야 하겠다."는 명령적인 요구가 있다. 인간은 영적으로 죽었고 완전히 무력하지만, 큰 권능의 하나님이 우리를 살리실 수 있다.

네 번째로, **거듭남은 그 어떤 것으로도 대체할 수 없기에** 필수적인 것이다. 거듭남을 대신할 만한 것은 아무것도 없다. 교육으로 거듭남을 대신할 수 없다. 교육은 거듭나지 못한 사람을 단지 가르칠 뿐이다. 교육은 계발시킬 뿐이지, 없는 것을 있게 하지 못한다. 선천적으로 타고나는 것들이 있음을 생각해 볼 때, 이것은 명백한 사실이다. 태어날 때부터 정상적인 지적 능력을 갖지 못한 경우, 후에 다른 이의 양육에 의해서도 그 부분은 채워지지 않는다. 촉감을 높은 수준에 이르도록 훈련할 수는 있지만 그 훈련이 잃어진 시각을 되찾아 주지 못한다. 청각을 극도로 날카롭게 발달시킬 수는 있지만, 미각이나 후각을 되찾는데 도움을 주지 않는다. 마찬가지로 육신을 아무리 개량하거나 개혁을 한다 해도 영적인 본성을 만들어 낼 수 없다. 인간의 본성은 최고 수준까지 교육될 수는 있지만, 이것이 완전히 다른 상태로 발달되도록 할 수는 없다. 사람이 완전히 말과 같이 빠른 속도로 달릴 수 있는 존재로 진화되거나, 짐승이 새와 같이 변화되는 것은 있을 수 없다. 이와 같이 본성과 영성 사이에 넘을 수 없는 경계가 생긴 것이다. "육으로 난 것이 육이요." 육은 결코 다른 것이 될 수 없다. "영으로 난 것은 영이니" 따라서 영적 본성은 영적 출생의 결과이지, 거듭나지 못한 사람을 양육하거나 교화시킨 결과로 생겨나는 것이 아니다.

사람을 개선시키는 일이 거듭남을 대신 할 수 없다. 개선된다는 것은 사람의 습관과 관련된 것이지, 사람 그 자체를 가리키는 것은 아니다. 만약 내 시계가 고장이 났다고 가정할 때, 손목을 바꿔 다른 쪽에 시계를 차거나 시계 겉면에 광택을 낸다고 해서 시계가 고쳐지는 것이 아니다. 문제는 내부에 있다. 죄인도 이와 같다. 사람이 자신의 행동을 바로잡거나, 좋지 않은 습관을 바로잡고, 모든 사람과의 관계에 있어서 격식을 차리고 행동한다고 해도 그는 여전히 허물과 죄로 죽은 상태이다. 한 바리새인에게 우리 주님은 말씀하셨다.

> "주께서 이르시되 너희 바리새인은 지금 잔과 대접의 겉은 깨끗이 하나 너희 속인즉 탐욕과 악독이 가득하도다."(눅 11:39)

이것은 단지 겉만 개선시킨 사람의 모습이다. 아무리 많은 개선도 마음을 바꿀 수는 없는 법이다.

> "살리는 것은 영이니 육은 무익하니라 내가 너희에게 이른 말이 영이요 생명이라."(요 6:33)

들판에서 잡초 더미를 뽑아서 나의 정원에 가져다 심었다고 가정해보자. 비료도 주고 물도 대주며 정성을 다해 손질했을지라도 잡초더미를 장미 덤불로 만들어주지 않는다. 이와 같이 새로운 환경이 인간의 죄성을 바꾸어 주지 않는다. 사람은 반드시 "하나님으로부터" 날 필요가 있다.

종교가 거듭남을 대신하지 못한다. 찰스 스펄전은 말했다.

"인간이 여전히 죄로 인해 죽은 채로 종교에 깊숙이 안주하고 있는 사실은 안타까운 일이다."

바리새인들도 성경을 읽었고, 자주 금식했으며 십일조를 드렸고 긴 기도를 드렸지만 여전히 하나님의 뜻을 거절했다. 어떤 사람의 이름을 교회명부에 올릴 수는 있지만, 어린양의 생명책에 올릴 수는 없다. 종교적인 의무가 거듭남을 대신할 수 없다. 즉 종교적인 의무를 다한다고

해서 거듭나는 것이 아니다. 얼마나 많은 사람들이 기도하는 것과 성경을 읽고 교회를 참석하고 주의 만찬에 참석하는 것에 의지해서, 반석 되신 그리스도가 아닌 모래 위에 집을 짓고 있는지 모른다!

거듭남의 필요성은 전 인류에게 해당된다. "네가 거듭나야 하겠다."는 말씀은 간음을 저지른 여인에게가 아니라, 십자가의 강도에게가 아니라, 바리새인이요, 이스라엘의 선생이요, 흠잡을 곳이 없던 니고데모에게 하셨다. 니고데모 또한 거듭나지 않는 한, 하나님의 나라에 들어갈 수 없었다. 당신 또한 마찬가지이다! 이제 주님의 말씀을 주의하여 보고 놀라지 말라.

"내가 네게 거듭나야 하겠다 하는 말을 기이히 여기지 말라." (요 3:7)

당신은 머지않아 임종의 순간을 맞이하게 될 지도 모른다. 그 때, 당신이 얼마나 많은 부를 축적했으며, 얼마나 엄청난 학식을 가졌으며, 또한 당신이 얼마나 인기와 명예를 누렸는가는 그리 중요하지 않다. 그 때 가장 중요한 것은 당신이 과연 "거듭난 경험이 있느냐?" 하는 것이다.

혹 고뇌하는 독자들 가운데 "어떻게 거듭날 수 있지? 어떻게 그리스도를 만날 수 있지?" 하고 질문할 수 있다. 우리가 줄 수 있는 가장 좋은 대답은 주 예수님의 말씀 속에 있다.

> "성경을 상고하거니와 이 성경이 곧 내게 대하여 증거하는 것이로다."(요 5:39)

그렇다! 부지런히, 기도하는 마음으로, 인내심을 가지고 성경을 읽으라. 왜냐하면 "성경은 능히 너로 하여금 그리스도 예수 안에 있는 믿음으로 말미암아 구원에 이르는 지혜가 있게 하[기]"(딤후 3:15) 때문이다.

제 2장 거듭남의 특징

- 거듭남은 변화되고 향상되는 개선의 과정이 아니다.
- 거듭남은 단지 마음을 정결케 하는 것이 아니다.
- 거듭남은 신의 성품에 참예하는 것이다.

"내가 네게 거듭나야 하겠다 하는 말을 기이히 여기지 말라."

[요한복음 3:7]

2
거듭남의 특징

거듭남이란 무엇인가? 허물과 죄로 죽은 사람과 그리스도와 함께 다시 살아난 사람의 근본적인 차이는 무엇인가? 이 질문들에 대한 답은 다양하다. 혼란스럽고 모순된 생각을 가진 사람들은 이 주제에 대해 논쟁하기를 좋아한다. 종종 거듭남의 결과가 거듭남 자체와 혼돈되기도 한다. 이 질문에 대한 하나님의 대답을 모르기 때문에 거듭난 사람조차도 자신이 정말 죽음을 통과하여 생명에 이른 것인지 의심에 빠지기도 한다. 거듭남의 특징과 성격을 상고해보기에 앞서, 먼저 그 부정적인 측면에 대해서 살펴보자.

1. 거듭남은 변화되고 향상되는 개선의 과정이 아닙니다.

 개선은 사람이 하는 일이지만, 거듭남은 하나님이 하시는 일이다. 개선은 옛 본성으로부터 악을 제거하려고 시도하는 것이지만, 거듭남은 아예 새로운 본성이 주어지는 것이다. 개선은 우리 자신의 노력으로 구원 얻는 것을 목표로 하지만, 거듭남은 성령님의 은혜로운 역사의 결과이다. 개선은 옛 것을 향상시키려고 애쓰지만, 거듭남은 순간적으로 완전히 새로운 피조물이 되는 것이다. 개선은 외적인 것이지만, 거듭남은 내적인 것이다. 개선의 결과는 일시적이지만, 거듭남의 결과는 영원이라는 특성을 가지고 있다. 개선은 마음을 새로이 고쳐먹는 것이지만, 거듭남은 새로운 생명이 시작되는 것이다. 개선은 오랜 시간에 걸쳐 일어나는 지루한 일이지만, 거듭남은 즉시 일어나며 단번에 완성되는 일이다. 한 마디로 말해, 개선은 인간에게 속한 일이며, 거듭남은 하나님께 속한 일이다.

2. 거듭남은 단지 마음을 정결케 하는 것이 아니다.

우리는 설교자들이 회중들에게 거듭남이 "마음의 변화"라고 말하는 것을 종종 듣는다. 그들의 의도는 좋지만, 사용한 언어는 오해의 소지가 있다. 이러한 경우, 성경에서 권고하는 것처럼 "바른 말을 본받아 지키는" 일은 언제든 좋지만(딤후 1:13), "마음의 변화"라는 표현은 성경 어디에서도 찾아볼 수 없다. 에스겔서 36장 26절의 말씀은 참으로 진실이다.

> "또 새 영(new spirit)을 너희 속에 두고 새 마음(new heart)을 너희에게 주되 너희 육신에서 굳은 마음(stony heart)을 제하고 부드러운 마음(heart of flesh)을 줄 것이며"

사실 이 구절은 천년왕국의 시작 시점의 이스라엘 백성들에게 해당되는 말씀이긴 하지만, 어쨌든 마음의 변화와 같은 표현이 이 세대의 사람들과 관련되는 것처럼 말씀한 곳은 신약성경 어느 곳에도 없다. 심지어 여기 에스겔서에서 조차도 "마음의 변화"라는 단어는 찾아볼 수 없다. 새 마음을 "주되"라고 하시고, 불신자의 굳은 마음을 "제하고"라고 하셨다. 거듭남은 단지 마음을 변화시키는 정도가 아니라, 하나님께로부터 새로운 마음을 받아 결과적으로 삶의 근본적인 변화가 일어나는 것이다.

예레미야 17장 9절을 보면, "만물보다 거짓되고 심히 부패한 것은 마음이라"고 되어 있다. 여기서 사용된 "심히(desperately)"라는 단어는 보통 "불치의(incurably)"라는 의미로 번역되는데, 여기서도 그러한 의미로 번역되어야 한다. 사람의 마음은 치료가 불가능할 정도로 부패되었기 때문에 결코 변화되지 않는다. 요한복음 3장 6절에서도 동일한 진리를 말하고 있다. "육으로 난 것은 육이요." 육은 결코 다른 것이 될 수 없다. 말(馬)이 나무로부터 진화되는 일이 없는 것과 같다. 마찬가지로 아담의 자손 또한 하나님의 자녀로 진화될 수 없다. 거듭남은 어떠한 변화의 과정이 아니다. 거듭남은 온전히 새로운 피조물이 되는 것이다. 그럼에도 거듭난 사람의 내면에 여전히 죄악

된 옛 본성이 그가 죽을 때까지 변화되지 않은 채로 남아 있다는 것 또한 사실이다.

3. 거듭남은 신의 성품에 참예하는 것이다.

거듭남은 인간에게 있는 어떤 것이 변화되거나 제거되는 것이 아니다. 거듭남은 인간 안에 전적으로 새로운 본성이 심겨지는 것이다. 영적인 영역에서의 출생도 육신의 출생과 마찬가지로, 출생 그 자체가 생명의 문이 되며 새로운 존재로서의 출발점이 된다. 태어난 모든 존재는 그 부모(모체)의 특성을 이어받게 된다. 식물에게서 태어난 것은 식물이 되고, 동물에게서 태어난 것은 동물이 된다. 인간으로 태어났으면 인간이 되는 것과 같이, 하나님에게서 났으면 신적인 존재가 되는 것이다. 각기 그 종류대로 종자를 내는 것이다. 이 기초적인 법칙은 절대불변의 진리이고, 하나님의 계시를 담은 성경의 첫 장에서 선언되고 있고, 또 계속해서 반복되어 나타나고 있다. 즉 창세기 1장에서 우리는 창조의 각 순서를 따라 각기 종류대로 창조되었다는 표현을 9회 이상 볼 수 있다. 채소를 내는 땅에서는 각기 종류대로 채소를 내었고, 공중의 새는 각기 종류대로 창조되었으며, 바다의 물고기도 각기 그 종류대로 지음을 받았다.

여기에 불신자들이 주장하는 진화론에 대한 하나님의 논박(論駁)이 있다. 반복해서 말하지만, 모든 생명체는 각기 그 종류대로 종자를 낸다. 하나님께로부터 났으면 하나님의 자녀이다. 처음 출생 시 인간의 모든 본성을 타고난 것처럼 우리가 거듭날 때, 즉 하나님께로서 날 때에도 하나님의 성품에 참예한 자로 태어나게 된다. 그렇다면, 거듭남은 새로운 성품, 신의 성품을 받아들이는 것이다. 거듭남은 바로 하나님 그분 자신의 생명이 인간의 영혼에 주어지는 것이다. 거듭남은 영적인 출생을 통하여 우리를 하나님의 가족이 되게 한다.

만일 거듭남이 하나님께서 하시는 일이고, 사람의 역할이 전혀 필요치 않다면 가엾은 죄인이 어찌해야 한단 말인가? 이러한 가르침은 희망의 문을 급히 닫아버리는 것 같다. 이런 교리는 죄인을 절망 가운데로 몰아간다. 그렇다. 그것이 본래 의도다. 이것은 인간의 교만을 깨부수는 하나님의 망치가 된다. 오만한 피조물을 먼지처럼 깨부수기 위해 의도된 것이다. 이것이 자기만족에 빠진 모든 창조물들을 숙연하게 만드는 성령님의 도구인 것이다. 인간 공로의 가장 깊은 뿌리지점에 놓인 하나님의 도끼인 것이다.

거듭남의 교리는 육신의 오만함에 대한 천국의 특효약이다. 이것은 인간이 자기의(self-righteousness)와 자기만족으로부터 돌아서게 한다. 이 거듭남의 진리는 "네가 거듭나야 하겠다."고 호소하고, 그 다음 "네가 할 수 있는 일은 아무것도 없다."라고 주장한다. 그렇다면 왜, 하나님께서는 인간에게 이렇게 말씀하신 걸까? 나 자신을 도울 만한 어떠한 것도 내 안에는 없다는 것을 알게 함으로써 절망에 몸부림치게 하기 위해서다. 우리로 하여금 나 자신을 넘어 밖을 보게 하기 위해서다. 하나님은 우리가 할 수 없는 것을 할 수 있으시다. 그러므로 죄인은 무릎을 꿇고, 자신의 죄성과 무력함을 고백하며 그리스도의 이름으로 자신을 긍휼히 여겨주시기를 하나님께 간구해야 한다.

이것이 거듭나기 위해 하나님께 구해야 하는 죄인의 책임이다. 마치 성도가 하나님의 자녀로서 살아가는데 필요한 은혜와 지혜, 도움을 구하는 것이 본인의 책임인 것과 마찬가지이다. 죄인들로 하여금 그 마음으로부터 간절히 부르짖게 하자! 하나님은 응답하실 것이다. 이는 "누구든지 주의 이름을 부르는 자는 구원을 얻으리라"(롬 10:13)고 성경에 약속되어 있기 때문이다.

제 3장 거듭남의 근원

- 거듭남은 유전되거나 상속되는 것이 아니다.
- 거듭남은 죄인의 의지나 의욕으로 얻을 수 있는 것이 아니다.
- 거듭남은 설교자의 설득력의 결과물이 아니다.
- 거듭남은 하나님의 초자연적인 역사이다.

"찬송하리로다 우리 주 예수 그리스도의 아버지 하나님이
그 많으신 긍휼대로 예수 그리스도의 죽은 자 가운데서
부활하심으로 말미암아 우리를 거듭나게 하사 산 소망이 있게 하시며."
[베드로전서 1:3]

3

거듭남의 근원

거듭남은 하나님의 주권적인 행위다. 우리는 첫 번째 출생 뿐만 아니라, 더욱 두 번째 출생에서 할 수 있는 일이 없다. 거듭남은 전적으로 성령님의 역사다. 이 사실은 요한복음 1장 13절에 명확히 설명되어 있다.

"이는 혈통으로나 육정으로나 사람의 뜻으로 나지 아니하고 오직 하나님께로서 난 자들이니라."

이 구절을 좀 더 상세히 살펴보도록 하자.

1. 거듭남은 유전되거나 상속되는 것이 아니다.

거듭남은 혈통을 따라 주어지는 것이 아니다. 자연적인 혈통으로는 이 초자연적인 출생을 만들어낼 수 없다. 우리 주님이 지상사역을 하실 당시, 자신들이 아브라함의 자손이라고 자랑하던 무리들이 있었다. 그러나 주님께서는 그들에게, "속으로 아브라함이 우리 조상이라고 생각지 말라"고 말씀하셨다. 선한 사람에게 나쁜 아들이 있는 경우도 많고, 아무리 나쁜 아버지에게도 선한 아들이 있을 수 있다. 이삭이 바로 이러한 경우이다. "이삭에게서 나는 자라야 네 씨라 칭할 것임이니라"고 말씀하셨지만 이삭은 망령된 아들인 에서를 낳았다. 대제사장이었던 엘리는 진정한 하나님의 사람이었지만, 그의 아들 홉니와 비느하스는 그들의 사악함 때문에 하나님에 의해 죽음을 당했다. 다윗은 하나님의 마음에 합한 자였지만, 그의 아들들은 우상을 숭배했다. 반면에 악신이 내린 사울에게서 선한 요나단이 태어났고, 또 이스라엘 역대의 왕 중 가장 악했던 아몬은 경건한 요시아를 낳았다. 그러므로 거듭남은 결코 유전되지 않는다. 계보나 혈통도 아무런 역할을 할 수 없다.

2. 거듭남은 죄인의 의지나 의욕으로 얻을 수 있는 것이 아니다.

거듭남은 인간의 결심이나 노력으로 얻어지는 것이 아니며, 인간적인 의지작용이나 행위의 결과도 아니다. 어떠한 작용이 없다면, 물 스스로는 수면 위로 치솟을 수 없다. 마찬가지로, 하나님께로부터 멀어진 인간의 의지 자체가 완전히 새롭게 되지 않는 한, 결코 하나님을 향해 움직일 수 없다.

> "그런즉 원하는 자로 말미암음도 아니요 달음박질하는 자로 말미암음도 아니요 오직 긍휼히 여기시는 하나님으로 말미암음이니라."(롬 9:16)

이것은 하나님께서 말씀하신 것이기에 조물주 되신 그

분과 맞서는 자에게는 화가 있을 것이다.

> "그러나 너희가 영생을 얻기 위하여 내게 오기를 원하지 아니하는도다."(요 5:40)

> "나를 보내신 아버지께서 이끌지 아니하면 아무라도 내게 올 수 없으니"(요 6:44)

이러한 말씀으로 볼 때 거듭남은, 육신의 의지로 인한 결과물이 아니다. 그리스도가 아닌 다른 것을 의지한다는 것은 얼마나 어리석은 일인가! 인간의 "자유의지"는 치통을 치료하거나, 상처 난 손가락을 낫게 할 수 없다. 그러한데, 자신의 병든 영혼을 치료할 능력이 자신에게 있다고 생각한다는 것은 얼마나 어리석은 일인가!

3. 거듭남은 설교자의 설득력의 결과물이 아니다.

현대의 일부 전도자들은 이러한 사실을 충분히 인식하

고 있다. 우리 시대의 회심자라고 자타하는 많은 사람들을 보면, 이러한 최면에서 생겨난 결과물일 염려가 다분히 있다. 설득과 압박으로 억지로 결정을 내리게 하는 시도는 아래의 말씀에 의해 확실히 거부되어야 한다. 거듭남은 "혈통으로나 육정으로나 사람의 뜻으로 나지" 않는다. 물론 하나님과 인간을 화목케 하기 위해 탄원하는 것이 전도자의 일이지만, 사람으로 하여금 내키지 않는 것을 좋아하게 만들 수는 없다. "사람이 말을 물가로 이끌어 갈 수는 있지만 장정 10명을 동원해도 억지로 물을 마시게 할 수 없다"라는 옛말이 조금도 틀리지 않다. 내키지 않아 하는 죄인으로 하여금 자발적으로 기도하게 하고 또 간구하도록 마음을 변화시키는 것은 전적으로 성령님의 역사인 것이다.

"주의 권능의 날에 주의 백성이 거룩한 옷을 입고 즐거이 헌신하니"(시 110:3)

우리는 말씀을 전파하지만 그 결과는 오직 "자라게 하

시는" 하나님께 온전히 맡겨야 한다.

"우리는 전도자에게서 말씀을 듣네.
하나님의 진리가 밝히 드러나네.
그러나 우리는 영원한 보좌로부터 오시는
더 큰 스승을 필요로 하네.
실제적인 적용은 하나님만이 하시기 때문이라네!"

4. 거듭남은 하나님의 초자연적인 역사이다.

이것은 자명한 사실이다. 거듭남을 통해서 신의 성품에 참예하는 것이라면, 하나님 자신께서 이 일에 주인이 되신다. 하나님만이 생명을 주시는 분이시며, 그의 기뻐하심을 따라 은사를 주시며, 그 주권적 의향에 따라 죽은 영혼을 소생시키신다. 야고보서 1장 18절 말씀을 보자.

"자기의 뜻을 좇아 진리의 말씀으로 우리를 낳으셨느니라."

요한복음 1장 13절의 말씀에서 확실하고도 명확하게 선포되었음에도 여전히 거듭남에 인간이 관여해야 한다고 생각하는 사람들이 많다. 알미니안들*은 거듭남이 신자의 의지와 성령님의 공동의 역사로 이루어진다고 주장한다. 만일 오로지 자신의 힘으로 하나님께로 돌아온 죄인이 어디 있느냐고 묻는다면 그들은 대답할 것이다. "없습니다. 하지만 하나님의 도움으로 돌아온 이들은 많이 있습니다." 이것은 무엇을 의미하는가? 죽은 영혼을 살리는 일이 하나님과 죄로 인해 죽은 죄인이 합력으로 이루어진다는 의미인가? 만일 그렇다면, 그들은 논리적인 모순의 죄를 범하고 있다. 그들의 말은 하나님께서 복음을 듣는 이들에게 일정한 양의 도움을 베푸시고, 거듭난 이들은 그 "도움"을 잘 활용했기 때문에 거듭났다는 의미인가? 만일 그렇다면, 그들은 인간이 영적으로 죽었다는 명백한 성경

---

* 알미니안(Arminian)들은 아르미니우스의 가르침을 따르는 사람들로, 인간에게는 자유의지가 있어 구원을 얻는데 인간의 행위 또한 필요하다고 믿는 사람들을 가리킨다. 심지어 그들은, 인간은 자신의 의지나 또는 자신의 행위에 의해서 구원을 잃어버릴 수 있다고 가르친다.

의 진리를 부인하고 있는 것이다. 죽은 사람에게 필요한 것은 "도움"이 아니라 "생명"이다! 인간은 살리심을 받기 전까지는 아무 힘도 없는 무력한 존재이다!

그러면, 하나님께서 죄인을 구원하시기 전에 죄인이 먼저 그리스도를 믿을 수는 없는가? 라는 질문을 할 수 있다. 이 또한 참으로 부질없는 질문이다! 죽은 사람이 어떻게 믿을 수 있는가? 이렇게 대답할 수 있다. 즉 사람은 완전히 죽은 것이 아니라 어떠한 면에서는 너무나 활발히 살아있다는 것이다. 사실이다. 이것은 단어들을 바르게 정의하는 것의 필요성과 중요성을 보여준다.

죄인은 자기 자신에 대하여 죄에 대하여 세상에 대하여 살아있으나, 하나님께 대하여는 죽어있다. 죄인은 육체적인 생명과 정신적 생명, 그리고 도덕적인 생명은 소유했지만, 영적인 생명은 완전히 죽어있다. 하나님께서 아담에게 "네가 먹는 날에는 정녕 죽으리라"고 말씀하셨을 때, 진정 말씀하신 그대로를 의미하는 것이었다. 그리고 아담과 하와가 그 창조주께 불순종한 바로 그날, 그들은 죽었다. 육체적으로, 도덕적으로 죽은 것이 아니라 영적으로 죽었다. 그리고 각기 그 종류대로 종자를 내듯이 타락하고 영적으로 죽은 아담은 타락하고 영적으로 죽은 자손을 낳았다. 바로 이것이 모든 인류가 거듭나야만 하는 절대적인 이유인 것이다.

죄인이 하나님께 대하여 죽어 있기 때문에 그는 어떠한 영적인 활동에도 전적으로 무능하다. 그는 결코 경건한 생각을 할 수 없으며, 경건한 사랑을 품을 수도 없으며, 경건한 의지를 행사할 수도 없다. 하나님을 의지하고, 사랑하고, 섬기기 전에 반드시 먼저 거듭나야 하고, 거듭남을 통해서 경건한 성품을 받아야 한다. 그리스도를 믿는다는 것은 단순히 새로 태어난 아기가 자신의 하늘 부모에게로 돌아오는 것이다. 어느 누구도 그 낳은 자식에게 자신의 팔에 편안히 눕는 방법을 가르치는 어미는 없다. 보호해 주지 않으면 스스로 살아갈 수 없는 아기이기 때문에 본능적으로 자신을 낳아준 어머니에게 매달리는 것이다. 영적인 세계도 마찬가지다. 사람이 거듭나게 되면 그 자신을 그리스도께 의지함으로써 거듭남에 대한 증거를 보이게 된다.

찰스 스펄전은 이렇게 말했다.

"그리스도를 영접하기 위해서는 반드시 하나님께로부터 태어나야 한다. 이것은 세상에서 가장 단순한 원리이다. 어떤 사람은 생각할 것이다. 그저 마음의 문을 열고, 그분으로 하여금 들어오시게 하면 안되는가? 그러나 하나님께서 그를 위로부터 나게 하시지 않으면, 즉 거듭나게 하지 않으시면 그 누구도 그리스도를 자신의 마음에 들어오시게 할 수 없다. 그리스도께로 나아오는 것이 거듭남을 위한 첫 번째 관문이다."

성경의 순서대로라면 먼저 거듭나고, 그리고 나서 그리스도를 믿는 것이다. 요한복음 1장 10절을 보면, 그리스도께서 세상에 계셨지만 "세상이 그를 알지 못하였고"라고 되어있다. 11절을 보면, "자기 땅에 오매 자기 백성이 영접지 아니하였으나"라고 말씀하신다. 그리고 12절에는 "영접하는 자 곧 그 이름을 믿는 자들에게는 하나님의 자녀가 되는 권세를 주셨으니"라고 하셨다. 그렇다면 왜 12절에 언급된 사람들은 앞선 두 구절에 나온 사람들과는 전혀 다르게 행동할 수 있었을까? 다른 사람들은 그를 알지도 못했고 영접하지도 않았는데, 왜 이들은 "그 이름을 믿는" 자가 될 수 있었을까? 13절은 우리에게 말해준다. "이는 혈통으로나 육정으로나 사람의 뜻으로 나지 아니하고 오직 하나님께로서 난 자들이니라." 이것이 이유였다. 거듭남이 믿을 수 있게 해주는 근거였다. 그들은 이미 하나님께로부터 났기 때문에 "믿을" 수 있었던 것이다!

동일한 진리가 요한복음 3장 36절에 설명되어 있다.

"아들을 믿는 자는 영생이 있고"

그가 믿는다는 사실은 이미 하나님의 생명을 소유하고 있다는 증거가 된다. 그래서 요한복음 5장 24절에서는 "내 말을 듣고 또 나 보내신 이를 믿는 자는 영생을 얻었고"라고 말씀하셨는데, "듣고"와 "믿는다"는 것은 이미 마음 가운데 영적인 생명이 있다는 증거인 것이다. 요한복음 11장 26절 말씀의 명령을 주의 깊게 살펴보라.

"무릇 살아서 나를 믿는 자는 영원히 죽지 아니하리니
이것을 네가 믿느냐?"

인간은 항상 하나님의 순서를 바꾸고자 한다. 인간은 영적으로 살아나기 위해선 먼저 믿어야 하지 않느냐고 말한다. 하지만 성경은 믿는 것이 가능하기 위해선 우리가 먼저 영적으로 살아나야 한다고 말한다. 우리 주님께서 "무릇 살아서 나를 믿는 자는 영원히 죽지 아니하리니"라고 말씀하신 바로 다음에 "이것을 네가 믿느냐"라고 물으신 것은 주목할 만하다. 이것은 마치 모든 교계에서 이것을 거부할지라도 우리는 주님의 선포 앞에 무릎을 꿇도록 도전하고 계시는 것과 같다.

하나님의 말씀을 이슈로 삼아 논쟁을 벌이기를 좋아하는 사람을 숭앙하는 것은 말세의 특징 가운데 하나이다. 그들 가운데 열성 있는 자들은 정통 신앙의 수호자로 숭앙을 받는다. 그리스도를 믿는 것이 반드시 거듭남에 앞서 일어나야 한다고 무지 가운데서 가르치는 이들을 우리는 이해할 수 있다. 또한 사람의 선입관과 편견이 이 주제에 대해 신중하게 연구하지 못하게 한다는 것도 다소간 이해할 수 있다. 하지만 진리가 우리 앞에 명백하고 충만히 제시되었고, 성경의 가르침을 그토록 자세히 밝혔음에도 어떻게 진정한 그리스도인이 이 진리를 부인하고 강력하게 반대할 수 있는지 이해할 수 없다.

우리는 여기서 난해하고 모호한 성경의 한 부분을 놓고 논쟁을 벌이고 있는 것이 아니다. 증거가 되는 구절 뒤에 증거가 되는 구절이 뒤따른다. 그리스도께서 하신 이 말씀보다 더 명백한 말씀이 어디 있는가!

"나를 보내신 아버지께서 이끌지 아니하면 아무라도 내
게 올 수 없으니 오는 그를 내가 마지막 날에 다시 살리
리라."(요 6:44)

어떠한 죄인도 "그리스도께 나아가기" 전에 반드시 아버지께서 "이끄셔야만" 한다. 여기의 "이끄심"이 의미하는 바를 우리 주님께서 다음 구절로 넘어가서 설명하시는 것을 볼 수 있다.

"선지자의 글에 저희(하나님의 자녀, 이사야 54:13 참조)가
다 하나님의 가르치심을 받으리라."

그리고 구주께서는 회피할 수 없는 결론으로 우리를 이끄신다.

"아버지께 듣고 배운 사람마다 내게로 오느니라."(요
6:45)

사람은 반드시 그리스도께 "나아가기" 전에 내면의 귀로 "들어야" 하고(영생의 전제가 되는 필수적인 것이다), 마음으로 "배워야" 한다. 만일 죄인이 거듭나기 전에 회개하고 믿을 수 있다면, 그가 거듭나야 할 필요성은 어디에서 찾을 수 있는가? 만일 그리스도를 믿는 것이 자연인인 인간의 의지적인 행동에 의해서 되는 것이라면, 이것은 쓴 샘물이 단물을 내고, 썩은 나무가 좋은 과실을 낼 수 있음을 증명하는 일이 될 것이다. 그러나 성경은 강조하여 선언하고 있다.

> "육신에 있는 자들(잃어진 죄인들, "그리스도 안에 있는 자들"과 대조적인 의미임)은 하나님을 기쁘시게 할 수 없느니라."(롬 8:8)

여기서 단순히 "육신에 있는 자들은 하나님을 기쁘시게 하지 않는다", 혹은 "기쁘시게 하지 않을 것이다"라고 말씀하시지 않고, "할 수 없다!"고 말씀하셨다. 하나님의 전능하신 능력과 주권적인 은혜가 그들을 다시 살리시지 않으면 전적으로 무능력한 그들은 결코 하나님을 기쁘시게 "할 수 없다!" 또한, 요한복음 6장 63절에는 "살리는 것은 영이니 육은 무익하니라."고 말씀하신다.

여기서 "육"이라는 단어는 단순히 그의 육체를 의미하는 것이 아닌 자연인으로서 그의 전부를 의미한다. 마찬가지로 요한복음 3장 6절에서 "육으로 난 것은 육이요"에서 "육"이란 육체 뿐 만이 아닌 정신과 마음, 의지를 포함하고 있는, 그 사람 전체를 의미한다. 실제 육이 유익한 것이 아무것도 없다는 사실을 인정한다면, 우리는 자연인(거듭나지 못한 죄인)이 거듭남에 단 한 부분도 기여할 수 없다는 사실을 인정할 수 밖에 없게 된다. 살리는 것은 영이며, 하나님 한 분만이 하실 수 있다.

우리가 방금 언급한 것과 충돌되는 것 같아 보이는 성경구절이 있다. 물론 "같이 보인다"라고 표현했고, 실제 이 말씀들이 불일치하는 것은 아니며, 하나님의 말씀에 모순이 있는 것은 더더구나 아니다. 성경 대부분의 주제에는 말씀의 본래 취지와 조화를 이루지 않는 것처럼 보이는 어떤 구절들이 있다. 하지만 이것은 우리로 "진리의 말씀을 옳게 분변"하도록 더 무릎을 꿇게 하고, 지혜를 구하도록 하기 위해 쓰여진 구절들이다. 만일 모든 구절이 단순하고 평이했다면 "신령한 일은 신령한 것으로 분별하는" (고전 2:13) 일은 필요치 않을 것이다.

갈라디아서 3장 26절을 보면, "너희가 다 (그리스도를) 믿음으로 말미암아 그리스도 예수 안에서 하나님의 아들이 되었으니"라고 말씀하신다. 주의를 기울이지 않고 이 말씀을 읽는 독자들은 "그리스도를 믿는 것"이 거듭남의 조건이 되며, 그에 따라 하나님의 자녀가 됨을 의미한다고 속단할 것이다. 그러나 그렇게 될 수는 없으며, 만일 그렇다면 위에서 언급한 모든 성경구절들은 전부 무효가 된다. 갈라디아서 3장 26절의 가르침이 전부라고 여기는 것은 다분히 성급한 추측이다. 이 구절은 전후 문맥으로 볼 때, 구원의 방법을 설명하고 있는 것이 아니라 칭의의 결과에 대해 서술하고 있다. 이 구절은 거듭남의 조건이 아닌, 거듭남 후에 나타나는 결과들에 초점을 두고 있다. 이 구절의 구조를 문맥 속에서 이해해야지 독립적으로 생각해서는 안 된다.

> "**나는 너희에게 이르노니 너희** 원수를 사랑하며 **너희를 핍박하는** 자를 위하여 기도하라 이같이 한즉 하늘에 계신 **너희** 아버지의 아들이 되리니."(마 5:44, 45)

로마 가톨릭과 또 어떤 사람들은, 이 구절을 행위로서 구원받을 수 있다는 심히 이단적인 교리를 증명하는데 사용한다. 하지만 그리스도께서는 이 구절은 거듭나지 않은 사람들에게 말씀하신 것이 아니라 그의 제자들에게 말씀하셨다(마 5:1,2 참조). 그러므로 우리는 그리스도께서 의도하신 참 뜻을 잘 이해해야만 한다. 이 말씀은 곧 "너희 원수를 사랑하라…이같이 한즉 너희가 하늘에 계신 너희 아버지의 아들임이 드러나리니"라고 말씀하신 것이다.

이제 다시 로마서 8장 14절을 읽어보자.

> "무릇 하나님의 영으로 인도함을 받는 그들은 곧 하나님의 아들이라."

이 말씀 또한 분명히 "하나님의 영으로 인도함을 받는 그들은 곧 하나님의 아들인 것을 드러낸다"라는 의미이다. 마찬가지로, 갈라디아서 3장 26절은 (전후구절이 보여주고 있듯이) "너희가 다 믿음으로 말미암아 그리스도 예수 안에서 하나님의 아들인 것이 드러난다."라는 의미가 된다. 이렇게 이해할 때, 이 구절과 다른 인용된 구절들이 서로 상충하지 않고 오히려 갈라디아서 3장 26절이 앞서 인용된 구절들을 보완하고 확증해주는 역할을 하게 된다.

제 4장 거듭남의 방법

- 거듭남은 종교적인 의식에 의해서 주어지지 않는다.
- 거듭남은 성령님에 의해서 하나님의 말씀이 적용될 때 일어난다.

"너희가 거듭난 것이 썩어질 씨로 된 것이 아니요 썩지 아니할 씨로 된 것이니

하나님의 살아 있고 항상 있는 말씀으로 되었느니라."

[베드로전서 1:23]

4

거듭남의 방법

거듭남은 어떻게 일어나는가? 하나님께서 이것을 성취하시기 위해 사용하시는 도구는 무엇인가? 거듭나게 하기 위해 성령님께서 사용하시는 방법은 무엇인가? 긍정적인 측면을 알아보기 전에 우선 부정적인 측면부터 생각해 보자.

1. 거듭남은 종교적인 의식에 의해서 주어지지 않는다.

어떤 사람들은 행위와 종교의식을 애써 구분하지 않으려 한다. 그들은 거듭나는데 우리의 행위가 필요치 않다는 점은 인정하지만 물세례(침례)에는 집착한다. 요한복음 3장 5절은 그들의 이론을 뒷받침하는데 종종 사용된다.

> "사람이 물과 성령으로 나지 아니하면 하나님 나라에 들어갈 수 없느니라."

여러 가지 면에서 고려해보아도 세례(침례) 받는 것이 구원을 받는 것과는 관계가 없다는 것은 명백하다. 먼저, 만일 세례(침례)가 구원 받는 전제조건이 된다면, 신약시대 전까지 세례(침례)가 행해지지 않았던 것으로 볼 때, 구약의 성도들은 단 한 명도 구원받지 못했다는 모순이 성립된다. 두 번째로, 만일 세례(침례)가 구원받게 하는 의식이라면, 잃어버린 자를 찾아 구원하러 오신 그리스도 자신이 반드시 사람들에게 세례(침례)를 베푸셔야 했을 것이다. 그러나 성경은 "예수께서 친히 세례(침례)를 주신 것이 아니요"(요 4:2)라고 분명히 기록되어 있다. 세 번째로, 만일 세례(침례)가 구원에 있어 필수적인 것이라면,

신약시대에서 세례(침례) 받지 않고 죽은 사람들은 아무도 구원받지 못했다는 의미가 되며, 세례(침례)를 행하지 않는 퀘이커교도나 구세군들은 하나님 나라에 들어갈 수 없다는 또 다른 모순이 생겨나게 된다. 네 번째로, 만일 세례(침례)가 구원에 필수적인 것이라면, 사도 바울이 "그리스보와 가이오 외에는 너희 중 아무에게도 내가 세례를 주지 아니한 것을 감사하노니"(고전 1:14)라고 말한 것을 이해하기 어렵게 된다. 계속해서 한 번 살펴보자.

그렇다면, 요한복은 3장 5절의 "물로 나지 아니하면"이란 말씀이 세례(침례)와 관련이 없다면 이 말씀은 무슨 의미일까? 우리의 대답은, 여기서 "물"은 상징적인 의미로 사용되었다는 것이다. 이것은 우리가 임의대로 주장하는 것이 아니다. 요한복음에서 "물"이라는 단어는 몇 번이나 비유적인 의미로 사용되었다. 그 예로, 그리스도께서 우물가의 여인에게,

> "내가 주는 물을 먹는 자는 영원히 목마르지 아니하리니 나의 주는 물은 그 속에서 영생하도록 솟아나는 샘물이 되리라."(요 4:14)

라고 말씀하실 때에, 이 물은 문자적인 의미로 사용된 것이 아님이 분명하다. 그리고,

> "나를 믿는 자는 성경에 이름과 같이 그 배에서 생수의 강이 흘러나리라 하시니"(요 7:38)

라고 말씀하셨을 때에도, 여기서 물은 상징적인 의미로 말씀하신 것이 명백하다. 요한복음 3장 5절의 말씀 또한 동일하게 상징적인 의미로 사용된 것을 알 수 있다.

그렇다면, 요한복음 3장 5절의 "물"이 문자적인 의미가 아니라면 이 단어가 가진 상징적 의미는 무엇일까? 우리의 대답은, '하나님의 말씀'이라는 것이다. 예를 들면, 말씀은 단단한 마음을 부스러뜨리는 "방망이"(렘 23:29)와

도 같다. 또한 우리가 걸어가는 길을 비춰주는 "등"(시 119:115)과도 같다. 마찬가지로, 나쁜 영향을 받은 것들을 깨끗이 씻어내는 "물"과도 같다. 아래의 인용된 말씀들이 이를 뒷받침한다.

> "청년이 무엇으로 그 행실을 깨끗케 하리이까 주의 말씀을 따라 삼갈 것이니이다."(시 119:9)

> "너희는 내가 일러 준 말로 이미 깨끗하였으니"(요 15:3)

> "그리스도께서 교회를 사랑하시고 위하여 자신을 주심 같이 하라 이는 곧 물로 씻어 말씀으로 깨끗하게 하사 거룩하게 하시고"(엡 5:25, 26)

요한복음 3장 5절의 의도는 어떻게 거듭나는가를 보여주는데 있다. 거듭남은 '말씀과 성령에 의해서' 일어난다. 성령님이 거듭남의 실제 행위자이시며, 말씀은 성령님이 사용하시는 도구가 된다. 이에 대한 증거는 거듭남의 도구에 대해 언급된 다른 모든 구절들이 언제나 말씀으로 거듭날 수 있음을 말하고 있다는 사실에서 찾아볼 수 있다. 고린도전서 4장 15절에서 바울 사도는 "**복음으로서** 내가 너희를 낳았음이라."라고 말씀하고 있고, 야고보서 1장 18절에서는 "**진리의 말씀으로** 우리를 낳으셨느니라."라고 말씀하셨다. 베드로전서 1장 23절에서는 "너희가 거듭난 것이 썩어질 씨로 된 것이 아니요 썩지 아니할 씨로 된 것이니 **하나님의 살아있고 항상 있는 말씀으로** 되었느니라."라고 말하고 있다.

요한복음 3장 5절에서 말하고 있는 진리의 아름다운 그림은 성경의 가장 첫 장인 창세기에서도 찾아볼 수 있다. 창세기 1장은 하나님의 창조와 회복 사역에 대한 신성한 설명을 담고 있다. 첫 번째로 "태초에(이때가 언제인지 아는 사람은 아무도 없다.) 하나님이 천지를 창조하시니라"라는 말씀을 보자. 의심할 것 없이, 이 최초의 창조는 하나님의 보시기에 흡족했다. 다음으로 "땅이 혼돈하고 공허하며"(히: 혼돈하고 공허하게 되며)라고 말씀하고 있는데, 다시 말해서 황량한 황무지와 폐허가 되었다는 의미이다. 창세기 1장의 1절과 2절 사이에 엄청난 대격변이 일어났는데, 아마 그것은 사탄의 타락과 그의 왕국의 멸망을 가리키는 것일 것이다. 뒤따르는 구절에는 "흑암이 깊음 위에 있고"라고 되어있는데, 이는 폐허와 죽음의 현장을 비추는 빛이 아무 것도 없었음을 말해준다. 그 다음에 우리는 하나님의 회복사역을 읽을 수 있다.

"하나님의 신은 수면에 운행하시니라 하나님이 가라사대 빛이 있으라 하시매 빛이 있었고"

지구와 관련해 실제로 일어난 이 모든 일의 정확한 설명은, 또한 심오한 영적 의미를 그 속에 담고 있다.

옛 창조(태초의 창조)에 나타난 하나님의 명령은 새 창조인 거듭남의 예시가 되었다. 원래 "태초에" 하나님이 인간을 창조하셨을 때, "사람을 정직하게" 지으셨다(전

7:29). 그러나 그 사이에 끔찍한 재앙이 일어났다. 우리의 첫 번째 조상이 유혹자의 목소리에 귀를 기울었다. 그리고 그 결과로 원래의 지위를 박탈당하게 되었다. 결과적으로, 인간은 "혼돈하고 공허하게" 된 것이다. 즉, 황무지와 폐허로 변했고, "흑암"이 임하게 된 것이다. 그러나 하나님께서 회복사역을 시작하실 때에 인간의 헐벗고 생기 없던 마음 가운데 "하나님의 신이 운행"하신 것이다. 하나님의 신은 말씀을 사용하시는데, 창세기 1장 2절 바로 다음 구절이 "하나님이 이르시되"라는 말씀이다. 하나님이 직접 말씀하셨다! 하나님께서 하신 말씀은 "빛이 있으라."였다. 그래서 시편 119편 130절에서는 "주의 말씀을 열므로 우둔한 자에게 비춰어 깨닫게 하나이다."라고 말하고 있다.

그러므로 우리는 창세기 1장 2,3절에서 성령님과 말씀이 함께 있음을 볼 수 있다. 그래서 요한복음 3장 5절에서 "물(말씀)과 성령으로" 나야 한다고 말씀하신 것이다. 성경은 얼마나 정확하고 심오하고 완전한가! 또한 성경의 저자이신 하나님은 얼마나 위대하신 분인가!

2. 거듭남은 성령님에 의해서 하나님의 말씀이 적용될 때 일어난다.

> "그리스도 예수 안에서 복음으로서 내가 너를 낳았음이라."(고전 4:15)

사도 바울은 여러 곳을 다니며 하나님의 은혜의 복음을 전했다. 그리고 죽음에서 생명으로 옮기시는 성령님에 의해서 예비된 영혼들은 복음을 받아들였다. 빌립보서 2장 16절에서 성경을 "생명의 말씀"이라 부르고 있는데, 이것은 오직 말씀만이 허물과 죄로 죽은 이들을 다시 살릴 수 있기 때문이다. 우리 주 예수 그리스도께서 말씀하시기를, "내가 너희에게 이른 말이 영이요 생명이라"(요 6:63)고 하셨다. 이에 대한 실례는 나사로의 부활에서 찾아 볼 수 있다. 우리 주님께서 무덤 앞에 서서서 "나사로야 나오라"고 외치실 때, 예수님의 말씀이 곧 영이요 생명임이 입

중되었다. 예수 그리스도는 아직도 영적인 영역에서 동일한 기적을 행하고 계신다.

> "진실로 진실로 너희에게 이르노니 (허물과 죄로 인해) 죽은 자들이 하나님의 아들의 음성을 들을 때가 오나니 곧 이 때라 듣는 자는 살아나리라."(요 5:25)

거듭남은 인간의 지혜에서 나온 설득력 있는 말로 되는 것이 아니며, 감동적인 일화로 감정에 호소함으로써 되는 것도 아니다. 죽은 영혼은 오로지 살아계신 하나님의 말씀으로만 거듭날 수 있다.

> "너희가 거듭난 것이 썩어질 씨로 된 것이 아니요 썩지 아니할 씨로 된 것이니 하나님의 살아 있고 항상 있는 말씀으로 되었느니라."(벧전 1:23)

오! 우리 시대의 더 많은 전도자들이 에스겔의 본을 따라, 그들 주위의 모든 죽은 뼈들에게 다음과 같이 선포하기를 바란다!

"여호와의 말씀을 들을찌어다!"(겔 37:4)

그러할 때 우리는 지금보다 더 자주 영적인 부활의 기적이 일어나는 것을 보게 될 것이다. 그러므로 하나님의 말씀을 믿으라. 하나님의 말씀을 증거하고 선포하라. 이는 말씀에 의해서만, 오로지 말씀으로만, 죽은 영혼들이 거듭날 수 있기 때문이다.

제 5장 거듭남의 증거들

- 주 예수 그리스도를 믿는 개인적인 믿음이 있다.
- 죄에 대한 참된 회개가 있다.
- 하나님을 향한 참된 사랑이 있다.
- 형제사랑이 있다.
- 실제적인 의로운 삶이 있다.
- 은혜 안에서의 성장이 있다.
- 끝날까지 흔들리지 않는 믿음이 있다.

"그가 그 조물 중에 우리로 한 첫 열매가 되게 하시려고
자기의 뜻을 좇아 진리의 말씀으로 우리를 낳으셨느니라."

[야고보서 1:18]

5
거듭남의 증거들

거듭난 사람들에게서 어떤 열매들을 찾아볼 수 있는가? 거듭났다는 증거는 무엇인가? 어떻게 내가 죽음에서 생명으로 옮겨졌다는 사실을 알 수 있는가? 이것들은 아주 중요한 질문이며, 이에 대한 명백한 해답을 구하는 모든 진지한 질문자들은 중대한 관심을 기울여야 한다. 거듭남의 증거들은 무엇인가? 보다 더 상세한 대답을 드리고자 한다.

1. 주 예수 그리스도를 믿는 개인적인 믿음이 있다.

"아들을 믿는 자는 영생이 있고"(요 3:36)

"내가 진실로 진실로 너희에게 이르노니 내 말을 듣고 또 나 보내신 이를 믿는 자는 영생을 얻었고 심판에 이르지 아니하나니 사망에서 생명으로 옮겼느니라.(헬라어에서 이 동사는 과거 완료형으로 되어 있다.)"(요 5:24)

"예수께서 그리스도이심을 믿는 자마다 하나님께로서 난(헬라어에서 이 동사는 과거 완료형으로 되어 있다.) 자니"(요일 5:1)

이 말씀들에서 우리는 주 예수를 믿는 사람은 이미 영생을 소유하였고, 다른 말로 하면 거듭났다는 것을 알게 된다. 자신의 구원을 위해 그리스도를 참으로 의지하는 믿음이 있는 곳에는 거듭남의 분명한 증거가 있다. 만일 당신 자신의 행위로 구원받고자 하는 바램을 버렸다면, 그리스도의 용서에 의지하여 더러운 걸레 같은 당신 자신의 의(義, 또는 의로움)를 내버렸다면, 방황하고 의지할 것 없는 죄인의 모습으로 그리스도께 나아와 그분의 긍휼을 구했다면, 능히 우리를 구원하실 수 있는 그분께 의지했다면, 이것이 바로 당신이 이미 거듭났다는 증거가 된다. 마치 아기가 본능적으로 엄마에게 매달리듯이, 갓 거듭난 하나님의 자녀도 무력한 채로 구세주이신 하나님께 매달리게 되어 있다.

2. 죄에 대한 참된 회개가 있다.

신학적인 개념에서 회개는 보통 믿음 이전에 일어나는 것으로 간주되어 왔다. 보통 복음서에서도 "회개하고 복음을 믿으라."(막 1:15)는 순서로 되어있다. 그래서 흔히 "회개하고 회심하라. 그리하면 당신의 죄가 사함을 받을 것이다."는 말을 듣는다. 하지만 우리가 지금 말하고자 하는 요점을 살리기 위해 그 순서를 바꿔 보자. 사실 죄인의 회개와 그리스도인의 회개는 차이점이 있다. 거듭나지 않은 사람에게 회개란 자기 자신에 대한 혐오이며, 내 자신의 타락한 상태에 대한 깨달음과 인정으로서, 하나님 앞에서 잃어 버린 바 된 죄인의 자리에 서는 것이다. 하지만 신자에게 있어서 회개란 죄로 인해 넘어질 때마다 죄에 대한 혐오와 마음의 근심이 동시에 일어나는 것이다. 그렇게 신자는 하나님의 뜻대로 하는 근심을 통해서 후회할 것이 없는 구원에 이르게 하는 회개를 하게 된다. 하지만 "하나님 뜻대로 하는 근심"(godly sorrow; 경건한 슬픔)이라는 말은 하나님의 성품이 이미 내 안에 있음을 전제로 하고 있으며, 죄인은 그 안에 이런 것이 전혀 없다. 회개란 죄에 대해서 슬퍼하고 근심하는 것, 그 이상이다. 회개란 바로 "하나님 뜻대로 하는 근심"이다.

교도소 안의 많은 죄인들은 죄에 대해 슬퍼하고 또 근심하기도 하지만, 오직 하나님의 자녀만이 하나님의 뜻대로 하는 회개를 경험한다. 나는 내 죄과에 대한 형벌이 두렵고 끔찍하기 때문이 아니라, 하나님께서 죄를 미워하시고 하나님의 눈에 죄가 끔찍이도 극악한 것임을 알기 때문에 회개한다. 회개는 하나의 행위 그 이상의 것이다. 이것은 마음의 태도 문제이다. 회개는 죄에 맞서 하나님 편에 서는 것이다. 한 마디로 말해서, 하나님은 거룩하셔서 죄를 미워하시기 때문에, 내가 만일 그분의 자녀라면 내 안에 그분의 거룩한 성품이 존재하므로 결과적으로 죄를 범한 일에 대해서 양심의 가책을 받을 때 죄를 한탄하며 또한 죄에서 떠나게 된다.

3. 하나님을 향한 참된 사랑이 있다.

하나님은 거룩하신 분이시고, 그래서 거듭난 우리 속에 하나님의 거룩한 성품을 심으셨기 때문에 우리는 죄를 미워한다. 하지만 이것은 지극히 소극적인 원리다. 하나님은 사랑이신 분이시고, 게다가 우리를 낳으신 분이시기 때문에 우리는 우리 아버지 되신 하나님을 사랑한다. 여기에 거듭남에 대한 적극적인 원리가 있다.

> "하나님은 사랑이시라 사랑 안에 거하는 자는 하나님 안에 거하고 하나님도 그 안에 거하시느니라."(요일 4:16)

이것은 자기 부모를 사랑하는 자녀의 정상적인 상태다. 반복해서 말하지만, 거듭난 사람은 자신을 거듭나게 해주신 하나님 아버지를 사랑한다. 그러나 우리가 하나님을 사랑하는지 아닌지 어떻게 알 수 있는가? 확실히 이 질문은 불필요하다. 우리는 사실, 우리의 존재에 대한 자각 없이는 누구를 진실히 사랑할 수 없다. 즉 우리가 거듭난 하나님의 자녀라는 자각이 있다면, 자연스럽게 하나님을 사랑하는 마음을 갖게 될 것이다. 그렇게 우리가 하나님을 사랑한다면 우리의 감정은 하나님을 향해 끌리게 될 것이다. 하나님의 탁월하심이 우리의 마음을 감화 감동시킨다. 이제 우리도 시편 기자와 함께 "하늘에서는 주 외에 누가 내게 있으리요 땅에서는 주 밖에 나의 사모할 자 없나이다"(시 73:25)라고 고백하게 된다. 더욱이 우리가 하나님을 사랑한다면 우리의 주된 갈망은 그분을 기쁘시게 하는 것이 될 것이다. 우리 주님께서는 "너희가 나를 사랑하면 나의 계명을 지키리라"고 말씀하셨다.

> "사랑은 하나님께 속한 것이니 사랑하는 자마다 하나님께로 나서 하나님을 알고 사랑하지 아니하는 자는 하나님을 알지 못하나니 이는 하나님은 사랑이심이라."(요

일 4:7,8)

이 말씀은 앞 절의 생각을 다른 방식으로 표현한 것일 뿐이다. 순서를 잘 관찰하여 보면 하나님을 사랑하는 것이 하나님을 아는 것보다 앞서 있다. 인간적인 영역에서는 우리가 누군가를 사랑하기 전에 그가 누구인지를 알아야 하지만, 하나님을 알기 전에도 우리는 하나님을 사랑할 수 있다. 하나님은 머리로 아는 것이 아닌 마음으로 아는 것이기 때문이다.

> "어리석은 자는 그 마음에 이르기를 하나님이 없다 하도다."(시 14:1)

그렇다면 나는 진정 하나님을 사랑하는가? 그분의 모든 아름다움을 보고 그분을 사모하는가? 그분을 묵상함이 꿀보다 더 단가? 내가 엎드려 경배할 단 한 분이신가? 그렇다면 이것은 당신이 거듭났다는 증거다.

4. 형제사랑이 있다.

"*사랑하는 자들아 우리가 서로 사랑하자 사랑은 하나님께 속한 것이니.*"(요일 4:7)

하나님은 사랑이시다. 그래서 하나님의 성품이 내 안에 거하면, 나는 하나님의 자녀들을 사랑하게 된다. 그들의 사회적 지위나 지적 수준 또는 교파에 관계하지 않고, 그들이 흑인이든 백인이든, 가난하거나 부자이거나, 교양이 있든 무교육자이든 하나님의 자녀 모두를 사랑하게 된다. 인간의 삶에서도 같은 가족 구성원끼리 서로 사랑하는 것은 당연하다. 혈연관계가 서로의 마음을 하나로 묶어준다. 마찬가지로 하나님의 가족들 간에도 사랑의 무슨 제한이 있을 수 없다. 하나님의 자녀들 또한 혈연으로 - 모든 신자가 공통으로 소유한 그리스도의 피로 - 묶여 있기 때문이다. 초대 교회 시대에 이교도들이 성도들을 가리켜 습관적으로 하는 말이 있었다.

"저들이 서로를 얼마나 사랑하는지 보라!"

당신에겐 이 형제 사랑이 얼마나 명백히 드러나고 있는가?

> "누가 이 세상 재물을 가지고 형제의 궁핍함을 보고도 도와 줄 마음을 막으면 하나님의 사랑이 어찌 그 속에 거할까보냐 자녀들아 우리가 말과 혀로만 사랑하지 말고 오직 행함과 진실함으로 하자."(요일 3:17,18)

만일 내가 그리스도 안에 있는 형제를 사랑한다면, 그들의 인격을 옹호하고, 그들의 이익을 도모해주며, 그들의 필요를 돌보며, 또한 그들의 행복을 추구하게 된다.

5. 실제적인 의로운 삶이 있다.

나무는 그 열매를 보면 알 수 있다. 믿음은 그 행위로써 입증된다. 경건한 성품은 자연스럽게 경건한 삶으로 드러난다.

> "너희가 그의 의로우신 줄을 알면 의를 행하는 자마다 그에게서 난 줄을 알리라."(요일 2:29)

우리가 거듭났다고 하는 또 하나의 증거는 선(의로운 행위)을 행하는 것이다. 거듭나지 못한 자들은 "불순종의 아들들"이라고 불린다. 그들은 하나님의 법을 존중하는 마음도 없고, 하나님의 권위에 순복하기를 거절하며, 하나님의 영광 보다 그들 자신의 이익에 마음을 쏟는다. 하지만 성령으로 난 사람들은 자신의 "지체를 의의 병기(도구)로" 드리며, 하나님 말씀의 계명에 조화를 이루면서 자신들의 삶을 빚어간다. 거듭난 사람들은 더 이상 자신들이 자기 자신의 것이 아니며, 값으로 산 바 되었음을 깨닫는다. 거듭난 사람들은 "선한 일을 위하여 지으심을 받은 자"(엡 2:10)가 되었다. 그래서 그들은 성령의 열매가 그들의 삶 가운데 아름답게 맺히기를 기도한다. 또한 요한일서 5장 4절에는 "대저 하나님께로서 난 자마다 세상을

이기느니라 세상을 이긴 이김은 이것이니 우리의 믿음이니라"고 기록되어 있다. 신자의 삶은 시대의 풍조나 체계, 처세법 그리고 세상을 추구하면서 세상의 가치관을 따라 사는 것이 아닌, 우리가 주(主)로 고백하는 분의 발자취를 따르도록 우리의 본보기로 남겨 놓으신 그분, 바로 그리스도를 위해 살고, 그리스도로 인해 사는 것이다.

6. 은혜 안에서의 성장이 있다.

침체와 부진은 질병과 죽음을 야기한다. 손발을 전혀 사용하지 않으면 결국 마비되고 만다. 생명은 성장을 통해서 입증된다. 그 사실로 인해 우리는 베드로전서 2장 2절의 말씀으로 교훈을 받고 있다.

> "갓난 아이들 같이 순전하고 신령한 젖을 사모하라 이는 이로 말미암아 너희로 구원에 이르도록 자라게 하려 함이라."

우리가 우리 영혼을 생명의 양식으로 먹일 때, 우리 영성은 발달하게 되고 우리 속사람은 날마다 새로워지게 된다. 날마다 주님의 입에서 나오는 모든 말씀으로 살 때, 주님의 능력과 주님의 강력한 권세로 우리는 강해지게 된다. 그럴 때 우리 거듭난 자의 삶은 능력에서 능력으로, 영광에서 영광으로 나아가는 삶이 된다.

> "의인의 길은 돋는 햇볕 같아서 점점 빛나서 원만한 광명에 이르거니와"(잠 4:18)

자, 여기에 영적 성장을 측정하는 두 가지 기준이 있다.

1) 당신은 그리스도를 더욱 닮아가고 있는가?

2) 당신은 과연 주님의 "은혜와 저를 아는 지식"에서 자라가고 있는가?

만일 그렇다면, 이 사실은 당신이 분명 하나님의 자녀로

계수되고 있다는 증거이다.

7. 끝날까지 흔들리지 않는 인내하는 믿음이 있다.

입으로만 신앙 고백하는 자와 참으로 거듭난 신자 사이에는 근본적인 차이가 있다. 하나님의 말씀을 듣고 즉시 기쁨으로 받아드리는 부류의 사람들이 있는데, 그들 속에는 아직 뿌리가 없어 잠시 동안 견디다가 말씀을 인하여 환난이나 핍박이 일어나는 때에는 곧 넘어지게 된다(마 13:20,21). 이런 사람들은 결코 거듭난 적이 없는 사람들이다. 신의 성품이 그들 속에 한 번도 주어진 일이 없기에, 결론적으로 그들 속에는 "뿌리가 없다." 그들은 마치 겉만 씻긴 암퇘지 같아서 곧 자신들이 뒹굴던 흙탕물로 돌아가게 된다.

그들과는 대조적으로 하나님의 자녀들은 "소망의 담대함과 자랑을 끝까지 견고히" 잡고 있다. 그들은 "넘어지나 아주 엎드러지지" 아니한다(시 37:24). 그들은 베드로처럼 침륜에 빠질 수도 있지만, 베드로처럼 슬피 통곡하고는 다시 회복된다. 거듭난 사람은 신의 성품에 참예하는 자가 될 것이며(벧후 1:4), 하나님께서 영원불변하시기에 그들 또한 결코 멸망치 않는다. 이 땅에서 순례의 길이 끝날 무렵, 모든 거듭난 영혼들이 다소간 차이는 있을지라도, 적어도 이렇게 고백할 수 있을 것이다.

> "관제와 같이 벌써 내가 부음이 되고 나의 떠날 기약이 가까웠도다 내가 선한 싸움을 싸우고 나의 달려갈 길을 마치고 믿음을 지켰으니 이제 후로는 나를 위하여 의의 면류관이 예비되었으므로 주 곧 의로우신 재판장이 그 날에 내게 주실 것이니 내게만 아니라 주의 나타나심을 사모하는 모든 자에게니라."(딤후 4:6-8)

하나님의 은혜가 하나님의 자녀라는 그 신분과 권세에 합당히 살아가는 저자와 독자 모두에게 있기를 바란다.

형제들의 집 도서 안내

1. 조지 뮐러 영성의 비밀
　　　　　　　　　　　　조지 뮐러 지음/이종수 옮김/값 1,000원
2. 수백만을 감동시킨 사람을 감동시킨 바로 그사람: 헨리 무어하우스
　　　　　　　　　　　　존 A. 비올리 지음/이종수 옮김/값 1,000원
3. 내 영혼의 만족의 노래
　　　　　　　　　　　　W.T.P 월스톤지음/이종수 옮김/값 1,000원
4. 모든 일을 하나님의 영광을 위하여 하라
　　　　　　　　　　　　해리 아이언사이드지음/이종수 옮김/값 1,000원
5. 잃어버린 영혼을 위해서 어떻게 기도해야 하는가
　　　　　　　　　　　　오스왈드 샌더스, 찰스 스펄전 지음/이종수 옮김/값 1,000원
6. 윌리암 켈리의 칭의의 은혜(개정판)
　　　　　　　　　　　　윌리암 켈리 지음/이종수 옮김/값 6,000원
7. 이것이 거듭남이다(개정판)
　　　　　　　　　　　　알프레드 깁스 지음/이종수 옮김/값 9,000원
8. 존 넬슨 다비의 영성있는 복음
　　　　　　　　　　　　존 넬슨 다비 지음/이종수 옮김/값 5,000원
9. 로버트 클리버 채프만의 사랑의 영성(개정판)
　　　　　　　　　　　　로버트 C. 채프만 지음/이종수 옮김/값 7,000원
10. 영성을 깊게 하는 레위기 묵상
　　　　　　　　　　　　C.H. 매킨토시 외 지음/이종수 옮김/값 5,000원
11. 존 넬슨 다비의 성경주석: 빌립보서
　　　　　　　　　　　　존 넬슨 다비 지음/이종수 옮김/값 5,000원
12. 존 넬슨 다비의 히브리서 묵상(개정판)
　　　　　　　　　　　　존 넬슨 다비 지음/정병은 옮김/값 11,000원
13. 조지 커팅의 영적 자유
　　　　　　　　　　　　조지 커팅 지음/이종수 옮김/값 4,000원
14. 윌리암 켈리의 해방의 체험(개정판)
　　　　　　　　　　　　윌리암 켈리 지음/이종수 옮김/값 4,500원
15. 존 넬슨 다비의 성경주석: 골로새서(개정판)
　　　　　　　　　　　　존 넬슨 다비 지음/이종수 옮김/값 8,000원
16. 구원 얻는 기도
　　　　　　　　　　　　이종수 지음/값 5,000원
17. 영혼의 성화
　　　　　　　　　　　　프랭크 빈포드 호올 지음/이종수 옮김/값 1,000원
18. 당신은 진짜 거듭났는가?
　　　　　　　　　　　　아더 핑크 지음/박선희 옮김/값 4,500원
19. C.H. 매킨토시의 완전한 구원(개정판)
　　　　　　　　　　　　C.H. 매킨토시 지음/이종수 옮김/값 5,500원
20. 존 넬슨 다비의 하나님의 뜻을 분별하는 법
　　　　　　　　　　　　존 넬슨 다비 지음/이종수 옮김/값 1,000원

21. 존 넬슨 다비의 성경주석: 요한계시록
존 넬슨 다비 지음/이종수 옮김/값 10,000원
22. 주 안에 거하라
해밀턴 스미스, 허드슨 테일러 지음/이종수 옮김/ 값 1,000원
23. C.H. 매킨토시의 하나님의 선물
C.H. 매킨토시 지음/이종수 옮김/값 4,000원
24. 존 넬슨 다비의 성경주석: 에베소서
존 넬슨 다비 지음/이종수 옮김/값 8,000원
25. 존 넬슨 다비의 영적 해방
존 넬슨 다비 지음/문영권 옮김/값 7,000원
26. 건강하고 행복한 그리스도인이 되는 법
어거스트 반 린, J. 드와이트 펜테코스트 지음/ 값 1,000원
27. 존 넬슨 다비의 성경주석: 로마서
존 넬슨 다비 지음/문영권 옮김/값 12,000원
28. 존 넬슨 다비의 성화의 길
존 넬슨 다비 지음/이종수 옮김/값 4,500원
29. 기독교 신앙에 회의적인 사랑하는 나의 친구에게
로버트 A. 래이드로 지음/박선희 옮김/값 5,000원
30. 이수원 선교사 이야기
더글라스 나이스웬더 지음/이종수 옮김/값 5,000원
31. 체험을 위한 성령의 내주, 그리고 충만
조지 커팅 지음/이종수 옮김/값 4,500원
32. 존 넬슨 다비의 성경주석: 갈라디아서
존 넬슨 다비 지음/이종수 옮김/값 4,800원
33. 존 넬슨 다비의 성경주석: 요한서신서·유다서
존 넬슨 다비 지음/문영권 옮김/값 8,000원
34. 존 넬슨 다비의 성경주석: 데살로니가전·후서
존 넬슨 다비 지음/이종수 옮김/값 8,000원
35. 그리스도와의 연합과 구원(성경공부교재)
문영권 지음/값 2,500원
36. 그리스도와의 연합과 성화(성경공부교재)
문영권 지음/값 3,000원
37. 사도라 불린 영적 거장들
이종수 지음/값 7,000원
38. 당신은 진짜 하나님을 신뢰하는가(개정판)
조지 뮬러 지음/ 이종수 옮김/값 5,500원
39. 그리스도와 연합된 천상적 교회가 가진 영광스러운 교회의 소망
존 넬슨 다비 지음/ 문영권 옮김/ 값 13,000원
40. 가나안 영적 전쟁과 하나님의 전신갑주
존 넬슨 다비 지음/ 이종수 옮김/ 값 2,000원
41. 죄 사함, 칭의 그리고 성화의 진리
고든 헨리 해이호우 지음/ 이종수 옮김/ 값 2,000원
42. 하나님을 찾는 지성인, 이것이 궁금하다!
김종만 지음/ 값 10,000원

43. 이것이 그리스도의 심판대이다
　　　　　　　　　　　　　　　　　이종수 엮음/ 값 8,000원
44. 존 넬슨 다비의 성경주석: 마태복음
　　　　　　　　　　　　존 넬슨 다비 지음/이종수 옮김/값 16,000원
45. C.H. 매킨토시의 하나님에 관한 진실
　　　　　　　　　　　　　C.H. 매킨토시 지음/이종수 옮김/값 1,000원
46. 존 넬슨 다비의 성경주석: 여호수아
　　　　　　　　　　　　　존 넬슨 다비 지음/문영권 옮김/값 8,000원
47. 찰스 스탠리의 당신의 남편은 누구인가
　　　　　　　　　　　　　　찰스 스탠리 지음/이종수 옮김/값 4,000원
48. 존 넬슨 다비의 성령론
　　　　　　　　　　　　존 넬슨 다비 지음/이종수 옮김/값 13,000원
49. 존 넬슨 다비의 영적 해방의 실제
　　　　　　　　　　　　　존 넬슨 다비 지음/이종수 옮김/값 5,000원
50. 존 넬슨 다비의 주요사상연구: 다비와 친구되기
　　　　　　　　　　　　　　　　　　문영권 지음/값 5,000원
51. 존 넬슨 다비의 죽음 이후 영혼의 상태
　　　　　　　　　　　　　존 넬슨 다비 지음/이종수 옮김/값 5,000원
52. 신학자 존 넬슨 다비 평전
　　　　　　　　　　　　　　　　　이종수 지음/ 값 7,000원
53. 존 넬슨 다비의 요한복음 묵상
　　　　　　　　　　　　　존 넬슨 다비 지음/이종수 옮김/값 8,000원
54. 프레드릭 W. 그랜트의 영적 해방이란 무엇인가
　　　　　　　　　　　　프레드릭 W. 그랜트 지음/이종수 옮김/값 4,500원
55. 홍해와 요단강을 통해서 나타난 하나님의 구원
　　　　　　　　　　　　　　윌리암 켈리 지음/ 이종수 옮김/ 값 4,800원
56. 그리스도와의 연합을 위한 성령의 역사
　　　　　　　　　　　　　윌리암 켈리 지음/ 이종수 옮김/ 값 19,000원
57. 누가, 그리스도인인가?
　　　　　　　　　　　　시드니 롱 제이콥 지음/ 박영민 옮김/ 값 7,000원
58. 선교사가 결코 쓰지 않은 편지
　　　　　　　　　　　　　프레드릭 L. 코신 지음 / 이종수 옮김/ 값 9,000원
59. 사랑의 영성으로 성자의 삶을 살다간 로버트 채프만
　　　　　　　　　　　　　　프랭크 홈즈 지음 / 이종수 옮김/ 값 8,500원
60. 므비보셋, 룻, 그리고 욥 이야기
　　　　　　　　　　　　　　찰스 스탠리 지음 / 이종수 옮김/ 값 7,500원
61. 구원의 근본 진리
　　　　　　　　　　　　　에드워드 데넷 지음 / 이종수 옮김/ 값 6,500원
62. 회복된 진리, 6+1
　　　　　　　　　　　　　에드워드 데넷 지음/ 이종수 옮김/ 값 6,000원
63. 당신의 상상보다 더 큰 구원
　　　　　　　　　　　프랭크 빈포드 호올 지음/ 이종수 옮김/ 값 6,500원

64. 뿌리 깊은 영성의 그리스도인으로 사는 법
       찰스 앤드류 코우츠 지음/ 이종수 옮김/ 값 9,000원
65. 천국의 비밀 : 천국, 하나님 나라, 그리고 교회의 차이
    프레드릭 W. 그랜트 & 아달펠트 P. 세실 지음/이종수 옮김/ 값 7,000원
66. 존 넬슨 다비의 성경주석: 베드로전 · 후서
         존 넬슨 다비 지음/장세학 옮김/ 값 7,500원
67. 존 넬슨 다비의 영광스러운 구원
         존 넬슨 다비 지음/이종수 엮음/ 값 15,000원
68. 어린양의 신부
    W.T.P. 월스톤 & 해밀턴 스미스 지음/ 박선희 옮김/ 값 10,000원
69. 성경에서 말하는 회심
         C.H. 매킨토시 지음/ 이종수 옮김/ 값 6,000원
70. 십자가에서 천년통치에 이르는 그리스도의 길
          존 R. 칼드웰 지음/ 이종수 옮김/ 값 7,500원
71. 그리스도와의 연합이란 무엇인가?
         에드워드 데넷 지음/ 이종수 옮김/ 값 9,000원
72. 하늘의 부르심 vs. 교회의 부르심
        존 기포드 벨렛 지음/ 이종수 옮김/ 값 16,000원
73. 당신은 진짜 새로운 피조물인가
         존 넬슨 다비 외 지음/ 이종수 옮김/ 값 12,000원
74. 플리머스 형제단 이야기
          앤드류 밀러 지음/ 이종수 옮김/ 값 14,000원
75. 바울의 복음, 그리스도의 영광의 복음
         존 기포드 벨렛 지음/ 이종수 옮김/ 값 9,000원
76. 악과 고통, 그리고 시련의 문제
               이종수 지음/ 값 9,000원
77. 요한계시록 일곱 교회를 향한 예언 메시지
         존 넬슨 다비 지음/이종수 옮김/ 값 18,000원
78. 영광스러운 구원, 어떻게 받는가
         존 넬슨 다비 지음/이종수 엮음/ 값 13,000원
79. 영광스러운 교회의 길
         존 넬슨 다비 지음/이종수 엮음/ 값 22,000원
80. 존 넬슨 다비의 성경주석: 디모데전후서, 디도서, 빌레몬서
         존 넬슨 다비 지음/이종수 옮김/ 값 15,000원
81. 성경을 아는 지식
         존 넬슨 다비 지음/이종수 엮음/ 값 18,500원
82. 십자가의 도
         존 넬슨 다비 지음/이종수 엮음/ 값 13,500원
83. 존 넬슨 다비의 성경주석: 고린도전후서
         존 넬슨 다비 지음/이종수 옮김/값 18,500원
84. 존 넬슨 다비의 성경주석: 사도행전
         존 넬슨 다비 지음/이종수 옮김/값 17,000원

85. 그리스도와의 연합을 위한 사도 바울의 기도
  존 넬슨 다비 지음/이종수 엮음/값 10,000원
86. 빌라델비아 교회의 길
  해밀턴 스미스 지음/이종수 옮김/값 10,000원
87. 무명한 자 같으나 유명한 존 넬슨 다비 전기
  윌리암 터너, 에드윈 크로스 지음/이종수 옮김/값 12,000원
88. 성경의 핵심용어 해설
  데이빗 구딩, 존 레녹스 지음/허성훈 옮김/값 9,000원
89. 존 넬슨 다비의 성경주석: 히브리서, 야고보서
  존 넬슨 다비 지음/이종수 옮김/값 17,500원
90. 존 넬슨 다비의 성경주석: 요한복음
  존 넬슨 다비 지음/이종수 옮김/값 17,000원
91. 신부의 노래
  해밀턴 스미스 지음/이종수 옮김/값 10,000원
92. 에클레시아의 비밀
  해밀턴 스미스 지음/이종수 옮김/값 10,000원
93. 존 넬슨 다비의 성경주석: 누가복음
  존 넬슨 다비 지음/이종수 옮김/값 13,500원
94. 예수 그리스도를 따라 맨 밑바닥까지 내려가는 아름다움
  조지 위그램 지음/이종수 옮김/값 7,000원
95. 존 넬슨 다비의 성경주석: 마가복음
  존 넬슨 다비 지음/이종수 옮김/값 8,000원
96. 죄 사함과 죄로부터의 완전한 자유
  조지 커팅 지음/이종수 옮김/값 7,000원
97. 성령의 성화
  윌리암 켈리 지음/이종수 옮김/값 6,500원
98. 하나님의 義란 무엇인가
  윌리암 켈리 지음/이종수 옮김/값 9,000원
99. 길이요 진리요 생명이신 그리스도
  윌리암 켈리 지음/이종수 옮김/값 6,500원
100. 보혜사 성령
  W.T.P. 월스톤 지음/이종수 옮김/값 24,000원
101. 존 넬슨 다비의 성경주석: 창세기
  존 넬슨 다비 지음/이종수 옮김/값 8,600원
102. 존 넬슨 다비의 성경주석: 이사야
  존 넬슨 다비 지음/이종수 옮김/값 9,400원
103. "그리스도와의 하나됨"을 통한 동일시의 진리란 무엇인가
  클라이드 필킹턴 주니어 책임편집/이종수 엮음/값 9,000원
104. 존 넬슨 다비의 성경주석: 다니엘
  존 넬슨 다비 지음/이종수 옮김/값 8,000원
105. 그리스도와의 하나됨을 통한 "양자 삼음의 진리"란 무엇인가
  클라이드 필킹턴 주니어 책임편집/이종수 엮음/값 11,000원

106. 순례자의 노래
존 넬슨 다비 지음/문영권 옮김/값 12,000원
107. 존 넬슨 다비의 성경주석: 에스겔
존 넬슨 다비 지음/이종수 옮김/값 8,800원
108. 성경공부교재 제 1권 거듭남의 진리
이종수 지음/ 값 5,000원
109. 존 넬슨 다비의 성경주석: 잠언, 전도서, 아가서
존 넬슨 다비 지음/이종수 옮김/값 5,000원
110. 성경공부교재 제 2권 죄사함의 진리
이종수 지음/ 값 6,500원
111. 최고의 영광으로의 부르심
클라이드 필킹턴 주니어 편집/이종수 엮음/값 9,000원
112. 존 넬슨 다비의 성경주석: 예레미야, 예레미야애가
존 넬슨 다비 지음/이종수 옮김/값 9,000원
113. 존 넬슨 다비의 새번역 신약성경(다비역 성경)
존 넬슨 다비 지음/이종수 옮김/값 35,000원
114. 존 넬슨 다비의 성경주석: 소선지서
존 넬슨 다비 지음/이종수 옮김/값 20,000원
115. 삼층천의 비밀
클라이드 필킹턴 주니어 책임편집/이종수 엮음/값 17,000원
116. 존 넬슨 다비의 침례의 더 깊은 의미
존 넬슨 다비 지음/이종수 옮김/값 8,000원

- 존 넬슨 다비의 새번역 신약성경을 소개합니다 -

- 최다最多 사본 대조 검증
- 최다最多 번역본 성경 대조 검증
- 가장 원어에 가까운 신약성경

값 35,000원

도서구입 : 생명의말씀사, 쿠팡,
갓피플몰, 예스이십사, 알라딘 등

Originally published under the title of
"The New Birth"
by Dr. Arthur W. Pink
Copyright© 5 Norton Street, Ashfield, N.S.W, Australia

Korean translation copyright
ⓒ 2009 by Brethren House, Korea
All rights reserved

아더 핑크의
당신은 진짜 거듭났는가

ⓒ형제들의 집 2009

초판 발행 • 2009.4.13
제2판 발행 • 2018.8.6
지은이 • 아더 핑크
옮긴이 • 박선희
발행처 • 형제들의집
인쇄소 • (주)이모션티피에스 /
TEL : (02) 2263-6414/ www.emotiontps.com
판권ⓒ형제들의집 2009
등록 제 7-313호(2006.2.6)
Cell. 010-9317-9103
홈페이지 http://brethrenhouse.co.kr
E-mail: asharp@empas.com
ISBN 978-89-93141-17-7 03230

＊값은 뒤표지에 있습니다.
＊잘못된 책은 바꿔드립니다.
＊서점공급처는 〈생명의말씀사〉 입니다. 전화(02) 3159-7979(영업부)